The Taj Mahal Adventure™

ताजमहल की साहसिक खोज™

Taj Mahal Kee Saahsik Khoj™

When you go on an adventure prepare for the unexpected. You never know what you may find or what may find you! Jay and Juhi know this well. They are master adventurers, but they have their share of surprises. During this particular adventure they visit one of the Seven Wonders of the World! Listen closely, this is an adventure you won't want to miss.

जब आप नई–नई खोज के लिये निकलते हैं, अनजानी घटनाओं का अचानक सामना करना पड़ सकता है, यह बात जय और जूही खूब अच्छी तरह जानते हैं । वे दोनों माहिर खोजी हैं, लेकिन वे भी अचानक अचरज में पड़ जाते हैं । इस ख़ास खोज के दौरान, वे दुनियाँ के सात अजूबों में से एक पर पहुँचते हैं । ध्यान से सुनो, कहीं ऐसा न हो कि तुम यह अनोखी कहानी जानने से वंचित रह जाओ ।

---

jab aap nayee nayee khoj ke liye nikalte hain, anjaanee ghatnaaon kaa achaanak saamanaa karanaa pad sakataa hai, yaha baat jay aur juhi khoob achchhee tarah jaante hain. ve dono maahir khojee hain, lekin ve bhee acharaj mein pad jaate hain. is khaas khoj ke dauraan, ve duniyaan ke saat ajoobon mein se ek par pahunchte hain. dhyaan se suno, kaheen aisaa na ho kit tum yaha anokhee kahaanee jaanane se vanchit raha jaao.

Jay and Juhi were running around the kitchen playing tag when they ran right into Mommy who was carrying a vase to the table.

"Ooooops!" "Sorry Mommy," Jay and Juhi said as the vase fell to the floor. It broke into two large pieces and one small shiny yellow piece in the shape of a flower.

"How did that painted flower come off so perfectly?" Juhi asked.

"It's not painted; all the designs you see on this marble vase are made from gemstones. The yellow flower is carved from topaz," Mommy said.

"I hope we can fix it," Juhi said sadly.

"Don't worry, we'll try," said Mommy.

जय और जूही रसोई में खेल रहे थे और दौड़ रहे थे, जब मम्मी से उनकी टक्कर लगी, जो मेज़ की तरफ़ एक फूलदान ले जा रही थीं ।

"ओ हो ! मम्मी माफ़ कर दो !" जय और जूही बोले ।

फूलदान ज़मीन पर गिर गया और टूट गया, दो बड़े टुकड़ों में, और एक छोटा फूल के आकार का चमकता पीला टुकड़ा ।

"यह रंगा हुआ फूल पूरी तरह से कैसे निकल आया ?" जूही ने पूछा ।

"यह रंगा हुआ नहीं है, संगमरमर पर बने सब नमूने जो तुम देख रही हो, रत्नों से बने हैं । पीला फूल पुष्पराज से काटकर बनाया गया है," मम्मी ने समझाया ।

"उम्मीद है हम इसे जोड़ सकेंगे," जूही ने उदासी से कहा ।

"चिन्ता मत करो, ज़रूर कोशिश करेंगे," मम्मी बोलीं ।

Jay aur Juhi rasoee mein khel rahe the aur daud rahe the, jab mummy se unkee takkar lagee, jo mez kee taraf ek phooldaan le jaa raheen theen.

"o ho! mummy maaf kar do!" Jay aur Juhi bole.

phooldaan zameen par gir gayaa aur toot gayaa, do bade tukadon mein, aur ek chhotaa phool ke aakaar kaa chamakataa peelaa tukadaa.

"yaha rangaa huaa phool pooree tarha se kaise nikal aayaa?" Juhi ne poochhaa.

"yaha rangaa huaa naheen hai, sangmarmar par bane sab namoone jo tum dekh rahee ho, ratanon se bane hain. peelaa phool pushpraaj se kaatkar banaayaa gayaa hai," mummy ne samjhaayaa.

"umeed hai hum ise jod sakenge," Juhi ne udaasee se kahaa.

"chintaa mat karo, zaroor koshish karenge," mummy boleen.

Jay and Juhi went to their room to do some investigating and learn more about marble vases.
"Let's look it up in my electronic encyclopedia!" Jay said. He typed in the letters:
M-A-R-B-L-E V-A-S-E
"Look at all those beautiful vases! That one looks like Mommy's!" Juhi said.
"If we can find out how this vase is made, maybe we can figure out how to fix the broken vase,"
Jay said. "Are you thinking what I'm thinking?" Jay asked.
"Yes!" Juhi replied as she took her magic flute, Soori, out of a sparkly purple box.

♪♪ **"Soori, Soori with music you know,**
please take us where we need to go!" ♪

Juhi played a beautiful song on her flute. As she played, there was a magnificent flash of light
and they were off—encyclopedia in hand!

जय और जूही संगमरमर के फूलदानों के बारे में जानने के लिए और कुछ छानबीन करने के लिये अपने कमरे में गये ।

"आओ मेरे इलेक्ट्रानिक विश्वकोष में देखें !" जय बोला और उसने 'संगमरमर फूलदान' टाइप किया ।

"वाह कितने सुन्दर फूलदान हैं ! यह वाला तो बिल्कुल मम्मी वाले फूलदान जैसा दिखता है," जूही बोली ।

"अगर हम पता लगा लें कि इन्हें कैसे बनाया जाता है, शायद हम टूटे हुए फूलदान को जोड़ने का तरीका भी जान सक... हैं," जूही बोली ।

"क्या तुम वही सोच रही हो, जो मैं सोच रहा हूँ ?" जय ने पूछा ।

"हाँ !" चमकते हुए बैंगनी डिब्बे से सूरी नाम की जादुई बाँसुरी निकालते हुए जूही ने जवाब दिया ।

♪♪ "सूरी– सूरी अपने संगीत के द्वारा ।
हमें ले चलो वहाँ, जाना हमें है जहाँ ॥" ♪

जूही ने अपनी बाँसुरी पर एक सुन्दर गाना बजाया । जैसे ही उसने बाँसुरी बजाई, एक अद्भुत चमक कौंधी, और वे दोनों अचानक गायब हो गए – विश्वकोष हाथ में लिए !

Jay aur Juhi sangmarmar ke phooldaanon ke bare mein jaanane ke liye aur kuch chhaanbeen karne ke liye apne kamare mein gaye.
"aao mere electronic vishvakosh mein dekhen!" Jay bolaa aur usne 'sangmarmar phooldaan' type kiyaa.
"vaah kitne sundar phooldaan hain! yaha vaalaa to bilkul mummy vale phooldaan jaisaa dikhtaa hai," Juhi bolee.
"agar hum pataa lagaa len ki inhen kaise banaayaa jaataa hai, shaayad hum toote hue phooldaan ko jodane kaa tareekaa bhee jaan sakate hain," Juhi bolee.
"kyaa tum vahee soch rahee ho, jo mein soch rahaa hoon?" Jay ne poochhaa.
"Haan!" chamakte hue bainganee dibbe se Soori naam kee jaaduee baansuree nikaalte hue juhi ne jvaab diyaa.
♪♪ **"Soori – Soori apne sangeet ke dwaaraa**
hamen le chalo vahaan, jaanaa hamen hai jahaan" ♪
Juhi ne apanee baansuree par ek sundar gaanaa bajaayaa. Jaise hee usne baansuree bajaaee, ek adhbut chamak kaundhee, aur ve dono achaanak gaayab ho gaye – vishvakosh haat mein liye!

"Where do you think we are?" asked Jay. Jay and Juhi looked around. They were on the side of a very busy street.

Suddenly, a large group of kids ran right in front of them. Trying to get out of the way, Jay and Juhi stumbled into a store behind them.

"Whoa!" Jay said losing his balance and falling right into a table holding a marble vase.

"Not again!" said Juhi.

"Don't worry, I got it!" said a boy behind them who caught the vase before it fell.

"That was a close one!" said Jay. "Good catch!"

"Thanks, it's my job to look after things here. This is my family's store. My name is Sameer."

"Hi Sameer, I'm Jay and this is my sister, Juhi."

"I'm happy to meet you, welcome."

"अरे ! हम कहाँ पहुँचे हें ?" जय ने पूछा ।

जय और जूही ने इधर उधर देखा । वे एक बहुत व्यस्त मार्ग पर थे जहाँ दस्तकला की चीज़ें, सजे हुए थैले और सुन्दर कपड़ों की दुकानें थीं । अचानक बच्चों की एक बड़ी टोली इनके सामने से दौड़ती हुई निकली, और जय और जूही धक्के से पीछे की दुकान में पहुँच गये ।

"वो हो हो !" अपना सन्तुलन खोते हुए और एक मेज़ की तरफ़ गिरते हुए, जिस पर संगमरमर का एक फूलदान पड़ा था, जय बोला ।

"अरे ध्यान से !" जूही बोली ।

"घबराओ मत, मैंने पकड़ लिया है !" उनके पीछे खड़ा एक लड़का बोला, जिसने फूलदान थाम लिया था ।

"बाल–बाल बचे !" जय बोला, "पैनी नज़र है !"

"धन्यवाद, इन चीज़ों की देखरेख करना मेरा काम है । यह हमारे बाप–दादा की दुकान है । मेरा नाम समीर है ।"

"नमस्ते समीर ! मेरा नाम जय है और यह मेरी बहन जूही है ।"

"आप से मिलकर खुशी हुई, आपका यहाँ स्वागत है ।"

"are! hum kahaan pahunche hain?" Jay ne poochhaa. Jay aur Juhi ne idhar udhar dekhaa. ve ek bahut vayast maarg par the jahaan dastakalaa kee cheezen, saje hue thaile aur sundar kapadon kee dukaane theen. achaanak bachon kee ek badee tolee inke saamne se daudtee hue nikalee, aur Jay aur Juhi dhakke se peechhe kee dukaan mein pahunch gaye.

"vo ho ho!" apnaa santolan khote hue aur ek mez kee taraf girte hue, jis par sangmarmar kaa ek phooldaan padaa thaa, Jay bolaa.

"are dhyaan se!" Juhi bolee.

"ghabrao mat, meine pakad liyaa hai!" unke peechhe khadaa ek ladakaa bolaa, jisne phooldaan thaam liyaa thaa.

"baal – baal bache!" Jay bolaa, "painee nazar hai!"

"dhanyavaad, in cheezon kee dekhrekh karnaa meraa kaam hai. yaha hamaare baap – daadaa kee dukaan hai. mera naam Sameer hai."

"namaste Sameer! meraa naam Jay hai aur yaha meree bahan Juhi hai."

"aap se milkar khushee hue, aapkaa yahaan swaagat hai."

"We make and sell parchin kari crafts in our store."

"Parchin . . . what?" Juhi asked.

"Parchin kari," replied Sameer.

"It's also called marble inlay. Artists carve shapes and designs out of marble and then fill them in with specially carved jewels and stones, like rubies and emeralds!"

"Just like Mommy's vase!" Juhi said. "The one we broke."

"Don't worry, you can fix it with special glue," said Sameer.

"What a relief, we'll have to tell Mommy about that," Juhi said.

"I can't believe all this is made of marble!" said Jay looking around the shop.

"You can make a lot out of marble, small crafts like these as well as huge buildings!" said Sameer.

"हम अपनी दुकान में पच्चीकारी की चीज़ें बनाते हैं और बेचते हैं ।"

"पच्ची ..., क्या ?" जूही ने पूछा ।

"पच्चीकारी," समीर ने जवाब दिया । "इसे जड़ाऊ संगमरमर भी कहते हैं । कलाकार संगमरमर में से अलग-अलग आकार और चित्र काटते हैं और फिर लाल, हरे गढ़े हुए पत्थरों और रत्नों से भरते हैं !"

"बिल्कुल मम्मी के फूलदान जैसा, जो हमसे टूट गया था," जूही बोली ।

"चिन्ता मत करो, आप उसे एक ख़ास गोंद से जोड़ सकते हैं," समीर ने बताया ।

"अच्छा हुआ, मम्मी को बताएँगे," जूही बोली ।

"मैं सोच भी नहीं सकता कि ये सब चीज़ें संगमरमर से बनी हैं !" जय दुकान में चारों तरफ़ देखते हुए बोला । "तुम संगमरमर से बहुत कुछ बना सकते हो," समीर ने बताया । "ऐसे छोटे नमूने और बड़ी-बड़ी इमारतें भी !"

"hum apnee dukaan mein pachcheekaaree kee cheezen banate hain aur bechate hain."

"pachch. . .kyaa?" Juhi ne poochhaa.

"pachcheekaaree," Sameer ne javaab diyaa. "ise jadaaoo sangmarmar bhee kahate hain. kalaakaar sangmarmar mein se alag – alag aakaar aur chitra kaatte hain aur phir laal, hare gadhe hue pattharon aur ratano se bharte hain!"

"bilkul mummy ke phooldaan jaisaa, jo humse toot gyaa thhaa," Juhi bolee.

"chintaa mat karo, aap use ek khaas gond se jod sakate hain," Sameer ne bataayaa.

"achchhaa huaa, mummy ko bataayenge," Juhi bolee.

"Mein soch bhee nahin saktaa ki ye sab cheezen sangmarmar se banee hain!" Jay dukaan men chaaron taraf dekhte hue bolaa. "tum sangmarmar se bahut kuch banaa sakte ho," Sameer ne bataayaa. "aise chhote namoone aur badee badee imaarten bhee!"

"Buildings?" questioned Juhi in disbelief.

"Sure, haven't you heard of the Taj Mahal? It's made entirely out of pure white marble," Sameer said.

"Yes! I remember reading about it in my encyclopedia," Jay said. "The Taj Mahal is in Agra, India, and it's one of the Seven Wonders of the World!"

"We have to see that someday!" Juhi said.

"How about today? After all, you are in Agra! Come on, I'll take you there. I just have to get one thing before we go," said Sameer as he reached into a desk drawer and grabbed three flashlights.

"What are those for?" Jay asked.

"You'll see," said Sameer. "Come on!"

"इमारतें ?" जूही ने हैरानी से प्रश्न उठाया ।

"हाँ, तुमने ताज महल के बारे में नहीं सुना ?" समीर ने पूछा । "पूरा संगमरमर का बना हुआ है ।"

"हाँ ! मुझे याद है । मैंने अपने विश्वकोष में इसके बारे में पढ़ा था," जय ने बताया ।"ताज महल भारत के आगरा शहर में है और दुनिया के सात अजूबों में से एक है !"

"उसे भी किसी दिन देखना होगा," जूही बोली ।

"क्यों न आज ही ? आखिर तुम आगरा में हो ! चलो, मैं तुम्हें वहाँ ले चलता हूँ । जाने से पहले मुझे सिर्फ़ एक चीज लेनी है," मेज़ की दराज से तीन टार्च की बत्तियाँ निकालते हुए समीर बोला ।

"ये किस लिए ?" जय ने पूछा ।

"दिखाऊँगा, चलो !" समीर बोला ।

"imaarten?" Juhi ne hairaanee se prashna uthaayaa.

"haan, tumne Taj Mahal ke bare mein nahin sunaa?" Sameer ne poochhaa. "pooraa sangmarmar kaa banaa hua hai."

"haan! mujhe yaad hai. meine apane vishvakosh mein iske bare mein padaa thhaa," Jay ne bataayaa. "Taj Mahal bhaarat ke aagraa shahar mein hai aur duniyaa ke saat ajoobon mein se ek hai!"

"use bhee kisee din dekhnaa hogaa," Juhi bolee.

"kyo na aaj hee? aakhir tum aagra mein ho! chalo, mein tumhe vahaan le chaltaa hoon. jaane se pahale mujhe sirf ek cheez lenee hai," mez kee daraaj se teen taarch kee batteeyaan nikaalte hue Sameer bolaa.

"ye kis liye?" Jay ne poochhaa.

"dikhaaungaa, chalo!" Sameer bolaa.

Jay and Juhi followed Sameer outside.

"Look at this beautiful carriage and horse!" Juhi exclaimed.

"I'm glad you think so because this is our ride! This is my horse Tongi. I call him that because he gives Tonga rides!" Sameer explained as he climbed into the small front seat, holding the reigns of the horse. "Get in!" he called out to Jay and Juhi.

"How did you learn to ride one of these?" Jay asked.

"I've been riding with my dad for years. Now, I can ride by myself. My horse Tongi knows his way around here. Sometimes we even take tourists for rides around town."

"We're not tourists, we're adventurers!" Juhi said.

"Well then we are off for a great adventure!" replied Sameer.

जय और जूही समीर के पीछे-पीछे दुकान से बाहर निकले, जहाँ उन्होंने एक सुन्दर सजा हुआ ताँगा देखा ।

"यह तो बहुत सुन्दर बग्घी है और घोड़ा भी !" जूही ने अपने भाव प्रकट किए ।

"मुझे खुशी है तुम्हें यह पसंद है क्योंकि यही हमारी सवारी है ! यह मेरा घोड़ा तोंगी है । मैं इसे तोंगी बुलाता हूँ क्योंकि यह ताँगे की सवारियाँ देता है !" समीर ने घोड़े की लगाम सम्भालकर, आगे की छोटी गद्दी पर बैठते हुए समझाया ।

"ऊपर चढ़ो," उसने जय और जूही को पुकारा ।

"तुमने ताँगा चलाना कैसे सीखा ?" जय ने पूछा ।

"मैं सालों से अपने पापा के साथ सवारी करता रहा हूँ । अब मैं इसे खुद चला सकता हूँ । तोंगी को यहाँ के सब रास्तों की पहचान है । कभी-कभी हम पर्यटकों को शहर घुमाने के लिए भी ले जाते हैं ।",

"हम पर्यटक नहीं हैं, हम खोजी हैं !" जूही ने बताया ।

"अच्छा, फिर तो हम एक अनोखी खोज के लिए जा रहे हैं ।" समीर ने जवाब दिया ।

Jay aur Juhi Sameer ke peechhe – peechhe dukaan ke baahar nikale, jahan unhe ek sundar sajaa hua tangaa dikhaa.

"yaha to bahut sundar baggee hai aur ghodaa bhee!" Juhi ne apne bhaav prakat kiye.

"mujhe khushee hai tumhe yaha pasand hai kyoki yaha hamaaree savaaree hai! yaha meraa ghodaa tongee hai. mein ise tongee bulaataa hoon kyoki yaha taange kee savaariyaan detaa hai!" Sameer ne ghode kee lagaam sambhaalkar, aage kee chhotee gaddee par baithate hue samjhaayaa. "oopar chadho," usne Jay aur Juhi ko pukaaraa.

"tumne taangaa chalaanaa kaise seekhaa?" Jay ne poochhaa.

"mein saalon se apane papa ke saath savaari kartaa rahaa hoon. ab mein ise khud chalaa sakataa hoon. tongee ko yahaan ke sab raaston kee pahachaan hai. kabhi – kabhi hum paryatakon ko shahar ghumaane ke liye bhee le jaate hain."

"hum paryatak nahin hain, hum khojee hain!" Juhi ne bataayaa.

"achchhaa, phir to hum ek anokhee khoj ke liye jaa rahe hain." Sameer ne javaab diyaa.

Jay and Juhi were enjoying the Tonga ride when all of a sudden Sameer shouted, "Whoa! Whoa!" Tongi stopped just in time!

Passing in front of them was a grand parade with elephants and camels painted and decorated with jewels. There were musicians playing drums and people singing. Everyone was wearing colorful festive clothes.

It was a spectacular sight!

"What's going on? Is it a special holiday?" Juhi asked.

"It's the beginning of a festival called Taj Mahotsav, held every year here in the city of Agra to celebrate the arts, crafts, and culture of our state, Uttar Pradesh."

जय और जूही ताँगे की सवारी का मज़ा ले रहे थे, जब अचानक समीर चिल्लाया, "हो ! हो !" और तोंगी एकदम रुक गया, बिल्कुल ठीक समय पर ।

उनके सामने से हीरे–जवाहारातों से सजे और रंगे हाथी, घोड़ों का जलूस जा रहा था । संगीतकार ढोल बजा रहे थे और लोग गा रहे थे । सभी ने रंग–बिरंगे कपड़े पहने थे । बहुत शानदार नज़ारा था ।

"क्या हो रहा है ? क्या कोई ख़ास त्योहार है ?" जूही ने पूछा ।

"यह ताज महोत्सव की शुरुआत है, जो हमारे उत्तर प्रदेश राज्य की संस्कृति और कला की सराहना के लिए आगरा शहर में हर साल मनाया जाता है ।"

Jay aur Juhi taange kee savaaree kaa mazaa le rahe the, jab achaanak Sameer chillayaa, "ho! ho!" aur tongee ekdam ruk gayaa, bilkul theek samay par.

unke samne se here – javaaharaaton se saje aur range haathee, ghodon kaa jaloos jaa rahaa thaa. sangeetkaar dhol bajaa rahe the aur log gaa rahe the. sabhee ne rang – birange kapade pahane the. bahut shandaar nazaaraa thaa.

"kyaa ho rahaa hai? kyaa koyee khaas tyohaar hai?" Juhi ne poochhaa.

"yaha taj mahotsav kee shuruaat hai, jo hamaare Uttar Pradesh rajya kee sanskruti aur kalaa kee saraahanaa ke liye aagraa shahar mein har saal manaayaa jaataa hai."

After the parade passed by, Jay, Juhi, and Sameer continued their ride.

They arrived at an impressive red sandstone gateway.

As they walked through, a grand white marble structure suddenly appeared. The Taj Mahal looked like a palace, but unlike any they had ever seen before.

"Wow" said Jay "It's incredible! I wonder who built this."

"The great emperor Shah Jahan built the Taj Mahal over 300 years ago." Sameer said. "It took 22 years to build, 20,000 workers to help build it, and 1000 elephants to help carry all the building materials!"

"Wow, that's a lot of years, and a lot of people!" exclaimed Juhi.

जलूस के निकल जाने के बाद, जय, जूही और समीर ने अपनी सवारी आगे बढ़ाई ।

जब वे वहाँ पहुँचे, एक प्रभावशाली लाल रेतीले पत्थर वाला प्रवेशद्वार उनके सामने था । वे प्रवेशद्वार से अंदर गए और अचानक एक विशाल सफ़ेद संगमरमर की इमारत सामने आई । ताज महल एक राजमहल जैसा दिखा, लेकिन ऐसा उन्होंने पहले कभी नहीं देखा था ।

"वाह ! अविश्वसनीय ! किसने बनाया होगा ?" जय ने सवाल किया ।

"महान सम्राट शाह जहान ने करीब ३०० (तीन सौ) साल पहले इसे बनवाया था," समीर ने बताया । "इसे बनाने में २२ (बाईस) साल लगे, २०००० (बीस हजार) कारीगरों और मज़दूरों ने इसे बनाने में मदद की और १००० (एक हज़ार) हाथियों ने सामान ढोया ।"

"वाओ, इतने साल और इतने लोग !" जूही ने आश्चर्य से कहा ।

jaloos ke nikal jaane ke baad, Jay, Juhi aur Sameer ne apne savaaree aage badhaaee. jab ve vahan pahunche, ek prabhaavshaalee lal reteelaa pathar vaalaa praveshdwaar unke saamne thaa. ve praveshdwaar se andar gaye aur achaanak ek vishal safed sangmarmar kee imaarat saamne aaee. Taj Mahal ek rajmahal jaisaa dikhaa, lekin aisaa unhone pahale kabhee nahin dekhaa thaa.

"vah! avishvasneeya! kisne banaayaa hogaa?" Jay ne savaal kiyaa.

"mahaan samraat Shah Jahan ne kareeb 300 (teen sau) saal pahale banvaayaa thaa," Sameer ne bataayaa. "ise banaane mein 22 (baaees) saal lage, 20,000 (bees hajaar) kaareegaron aur mazdooron ne banaane mein madada kee aur 1000 (ek hazaar) haatiyon ne saamaan dhoyaa."

"wow, itne saal aur itne log!" Juhi ne aashcharya se kahaa.

As they continued to walk, they saw a large pool that reflected a perfect image of the Taj Mahal.
"This pool is like a giant mirror!" Juhi observed.
"Look I can see my reflection," said Jay as he leaned over the side of the pool.
"That's why people call this the reflecting pool.
In fact, it's the most famous reflecting pool in the world," Sameer explained.
"I can see why!" said Jay.

जब वे चल रहे थे, उन्होंने एक बड़े तालाब में ताज महल का पूरा प्रतिबिम्ब देखा ।

"यह तालाब तो एक बड़े दर्पण की तरह है !" जूही ने टिप्पणी दी ।

"देखो ! मुझे अपनी परछाई दिखाई दे रही है," तालाब की तरफ झुकते हुए जय बोला ।

"इसीलिए लोग इसे दर्पण तालाब कहते हैं । असल में यह दुनिया का सबसे मशहूर दर्पण तालाब है," समीर ने समझाया ।

"अब मैं समझ सकता हूँ, क्यों !" जय बोला ।

jab ve chal rahe the, unhone ek bade taalaab mein Taj Mahal kaa pooraa pratibhimb dekhaa.
"yaha taalaab to ek bade darpan kee tarha hai!" Juhi ne tippanee dee.
"dekho! mujhe apnee parchhaee dikhaaee de rahee hai," taalaab kee taraf jhukte hue Jay bolaa.
"isee liye log ise darpan taalaab kahate hain. asal mein yaha duniyaa kaa sabse mashoor darpan taalaab hai," Sameer ne samjhaayaa.
"ab mein samajh saktaa hoon, kyon!" Jay bolaa.

"What kind of palace is the Taj Mahal?" asked Juhi.

"It's not a palace, it's actually a tomb," Sameer said in a mysterious voice. "Shah Jahan built it for his wife, Mumtaz Mahal, after she died. He loved her so much that he wanted to build a beautiful place where people could come and remember her."

"So you mean Mumtaz Mahal is buried here?" Jay asked.

"Yes, and so is Shah Jahan," Sameer explained.

"Let's go inside, there's something I want to show you."

"I'm not sure if we need to go inside," said Jay hesitantly.

"Yeah," agreed Juhi, "the outside is so beautiful and. . ."

"Come on," interrupted Sameer as he handed them each a flashlight. "I thought you were adventurers! Let's go!"

"ताज महल किस तरह का महल है ?" जूही ने पूछा ।

"यह महल नहीं है, असल में यह एक कब्र है," समीर ने रहस्यमयी आवाज़ में कहा । "शाह जहान ने इसे अपनी बीवी मुमताज महल की मौत के बाद उसके लिए बनवाया था । वह उससे बहुत प्यार करता था और उसने एक ऐसी सुन्दर जगह बनवानी चाही जहाँ लोग आ सकें और उसे याद रखें ।

"तो तुम्हारा मतलब है मुमताज महल यहाँ दफनाई गई हैं ?" जय ने पूछा ।

"हाँ और शाह जहान भी," समीर ने बतलाया । "चलो अंदर चलो, में तुम्हें कुछ दिखाना चाहता हूँ ।"

"पता नहीं हमें अंदर जाना चाहिए या नहीं," जय ने हिचकिचाते हुए कहा ।

जूही ने जय के साथ हाँ में हाँ मिलाते हुए कहा, "बाहर से तो देख ही लिया है . . ."

"चलो-चलो," समीर ने उन्हें एक–एक टार्च थमाते हुए बीच में काटा । "मैंने तो सोचा तुम साहसी खोजी हो ! चलो !"

"Taj Mahal kis tarah kaa mahal hai?" Juhi ne poochhaa.

"yaha mahal nahin hai, asal mein yaha ek kabra hai," Sameer ne rahasyamayee aavaaz mein kahaa. "Shah Jahan ne ise apnee beevee Mumtaz Mahal kee maut ke baad uske liye banvaayaa thaa. vaha usse bahut pyaar kartaa thaa aur usne ek aisee sundar jagah banvaanee chaahee jahaan log aa saken aur use yaad rakhen.

"to tumhaaraa matlab hai Mumtaz Mahal yahaan daphnaaee gayee hain?" Jay ne poochhaa.

"haan aur Shah Jahan bhee," Sameer ne batlaayaa. "chalo andar chalo, mein tumhe kuch dikhaanaa chahataa hoon."

"pataa nahin humen andar jaanaa chahiye yaa nahin," Jay ne hichkichaate hue kahaa.

Juhi ne Jay ke saat haan mein haan milaate hue kahaa, "baahar se to dekh hee liyaa hai. . ."

"chalo – chalo," sameer ne unhen ek – ek taarch thamaate hue beech mein kaataa. "meine to sochaa tum saahasee khojee ho! chalo!"

Jay and Juhi cautiously followed Sameer into the Taj Mahal. It was darker, but not completely dark. A beautiful lamp created a soft glow inside. It was very peaceful.

Jay and Juhi were amazed by what they saw; they were not scared at all. They saw the two marble tombs side by side behind a marble screen. They saw beautiful and colorful parchin kari designs on the marble archways around them.

"Come this way!" whispered Sameer as he led them to a nearby wall. "Stand here, I'll go to the other side, keep your eyes on the wall!"

जय और जूही ने सावधानी से समीर का पीछा किया । ताज महल के अंदर अंधेरा था, लेकिन पूरा अंधेरा नहीं था । बहुत शांती थी । एक सुन्दर दिये से धीमी रोशनी आ रही थी ।

जय और जूही यह सब देखकर बहुत अचम्भित हुए । लेकिन उन्हें बिलकुल डर नहीं लगा । उन्होंने संगमरमर के एक पर्दे के पीछे अगल-बगल में दो कब्रें देखीं । उसके इर्द-गिर्द संगमरमर की महराब पर उन्होंने सुन्दर रंगीन पच्चीकारी के नमूने बने देखे ।

"इस तरफ आओ !" समीर ने उन्हें धीमी आवाज़ में बुलाया और महराब वाली दीवार की तरफ़ ले गया । "यहाँ रुकिये, मैं दूसरी तरफ़ जाऊँगा, तुम दीवार पर अपनी नज़र रखना !"

Jay aur Juhi ne saavdhaanee se Sameer kaa peechhaa kiyaa. Taj Mahal ke andar andheraa thaa, lekin pooraa andheraa nahin thaa. bahut shaantee thee. ek sundar diye se dheemee roshnee aa rahee thee.

Jay aur Juhi yaha sab dekhkar bahut achambhit hue. lekin unhe bilkul dar naheen lagaa. unhone sangmarmar ke ek parde ke peechhe agal bagal mein do kabren dekheen. uske ird-gird sangmarmar kee maharaab par unhone sundar rangeen pachchikaaree ke namoone bane dekhe.

"is taraf aao!" Sameer ne unhe dheemee aavaaz me bulaayaa aur maharaab vaalee deevaar kee taraf le gayaa. "yahaan rukiye, mein doosree taraf jaaoongaa, tum deevaar par apnee nazar rakhnaa!"

Jay and Juhi stood together and watched the wall in front of them, when suddenly they saw a small light moving around on it. "Do you see it?" Sameer asked quietly.

"We do, we do!" whispered Jay and Juhi with excitement. "How are you doing that?"

"With my flashlight!" Sameer responded.

"How can a flashlight shine through a solid wall?" Juhi questioned.

"This marble is translucent," Sameer said.

"Let me look that up," Jay said as he took out his encyclopedia. "This wall is translucent. That means that light can shine through. That's why we saw Sameer's light on our side of the wall."

"Let's try it!" said Juhi. Jay and Juhi shined their flashlights at the wall.

"I see it, I see your lights!" Sameer said.

"Wow! Everything about the Taj Mahal is intriguing!" said Jay.

जय और जूही वहाँ खड़े गम्भीरता से सामने की दीवार पर देखते रहे, और अचानक उन्हें दीवार पर एक छोटी बत्ती घूमती हुई नज़र आई ।

"कुछ दिखा ?" समीर ने धीरे से पूछा ।

"हाँ, हाँ !" जय और जूही जोश से फुसफुसाये । "यह तुम कैसे कर रहे हो ?"

"मेरी बत्ती से !" समीर ने जवाब दिया ।

"एक ठोस दीवार से रोशनी कैसे दिख सकती है ?" जूही ने प्रश्न किया ।

"मैं पता लगाता हूँ," अपने विश्वकोष को खोलते हुए जय बोला । "यह दीवार पारदर्शी है । इसका मतलब है कि रोशनी इसके बीच में से निकल सकती है । इसीलिए हम दीवार की दूसरी तरफ़ से समीर की बत्ती देख सके ।"

"अच्छा ! हम भी अपनी बत्ती जलाकर देखते हैं !" जय और जूही बोले और दोनों ने अपनी बत्तियाँ दीवार पर चमकाई । "मुझे तुम्हारी बत्तियाँ दिख रही हैं !" समीर ने बताया ।

"अरे वाह ! ताज महल की हर बात बहुत अनोखी है !" जूही बोली ।

Jay aur Juhi vahaan khade gambheertaa se saamne kee deevaar par dekhte rahe, aur achaanak unhen deevaar par ek chhotee battee ghoomtee hue nazar aayee.

"kuch dikhaa?" Sameer ne dheere se poochhaa.

"haan, haan!" Jay aur Juhi josh se phusphusaaye. "yaha tum kaise kar rahe ho?"

"meree battee se!" Sameer ne javaab diyaa.

"ek thos deevaar se roshnee kaise dikh saktee hai?" Juhi ne prashna kiyaa.

"mein pataa lagaataa hoon," apane vishvakosh ko kholte hue Jay bolaa. "yaha deevaar paardarshee hai. iskaa matlab hai ki roshnee iske beech mein se nikal saktee hai. iseeliye hum deevaar kee doosaree taraf se Sameer kee battee dekh sake."

"achhaa! hum bhee apnee battee jalaakar dekhte hain!" Jay aur Juhi bole aur dono ne apnee battiyaan deevaar par chamkaayeen. "mujhe tumhaaree battiyaan dikh rahee hain!" Sameer ne bataayaa.

"are vaah! Taj Mahal kee har baat bahut anokhee hai!" Juhi bolee.

Jay, Juhi, and Sameer walked back outside to continue their adventure.

"Look, Juhi," said Jay, "there is an orange glow on the dome!"

"That's the sun's reflection, the color of the sunset. In the morning there is a light pinkish glow as the sun comes up. My favorite time to see the Taj Mahal is on a clear night, when the reflection of the moonlight makes it shine even brighter!" Sameer said.

"I wish I could see that!" said Juhi.

"Me too!" Jay agreed. "We will have to come back again one day, but right now we have to get back home."

They took one last look at the Taj Mahal.

जय, जूही और समीर अपनी साहसिक खोज को आगे बढ़ाने के लिए वापस बाहर आए ।

"जूही देखो," जय बोला, "गुम्बज पर संतरी दमक है !"

"यह सूरज की परछाई है, सांझ का रंग । भोर के समय जब सूरज उगता है तो गुलाबी चमक दिखाई देती है । ताज महल देखने का मेरा मनपसंद समय है, पूर्णमासी की रात को, जब चाँद की रोशनी में यह और भी खूबसूरत दिखता है," समीर ने बताया ।

"काश हम इसे चांदनी रात में देख सकते !" जूही बोली ।

"मैं भी इसे चांदनी रात में देखना चाहता हूँ," जय ने हाँ में हाँ मिलाते हुए कहा । "उसके लिए हमें फिर आना होगा, लेकिन अभी तो हमें घर वापस पहुँचना है ।"

दोनों ने एक आखिरी नज़र अजूबे ताज महल पर डाली ।

Jay, Juhi aur Sameer apnee saahasik khoj ko aage badhaane ke liye vaapas baahar aaye.

"Juhi dekho," Jay bolaa, "gumbaj par santaree damak hai!"

"yaha suraj kee parchhaaee hai, saanjh kaa rang. bhor ke samay jab suraj ugataa hai to gulaabee chamak dikhaaee detee hai. Taj Mahal dekhne kaa meraa manpasand samay hai, puranmaasee kee raat ko, jab chaand kee roshnee men yaha aur bhee khoobsoorat dikhtaa hai," Sameer ne bataayaa.

"kaash hum ise chandnee raat mein dekh sakte!" Juhi bolee.

"mein bhee ise chandanee raat men dekhnaa chaahtaa hoon," Jay ne haan men haan milaate hue kahaa. "uske liye hamen phir vaapas aanaa hogaa, lekin abhee to hamen ghar vaapas pahunchnaa hai."

dono ne ek aakhiree nazar ajoobe Taj Mahal par daalee.

Jay and Juhi walked with Sameer back to Tongi.

"Can I give you a ride?" Sameer asked. "No thanks, we have one!" Juhi said.

"Thank you for bringing us to the Taj Mahal, we will never forget it!" said Jay.

"Please come back again soon so we can have another adventure!" Sameer said as he began to drive away. "We will!" Jay and Juhi said, waving goodbye.

"Are you ready?" Jay asked Juhi. "I'm ready!" Juhi took out Soori and called out with Jay:

> ♪♪ **"Soori, Soori with music you know,**
> **please take us where we need to go!"** ♪

Juhi began to play a happy song and, in a magnificent flash of light, they went home.

जय और जूही समीर के साथ वापस तोंगी तक पहुँचे ।

समीर ने पूछा, "क्या मैं तुम्हें सवारी दे सकता हूँ ?"

"नहीं, धन्यवाद, हम पहुँच जाएँगे !" जूही ने कहा ।

"ताज महल दिखाने के लिए धन्यवाद, हम इसे कभी नहीं भूलेंगे !" जय बोला ।

कृपया जल्दी वापिस आना ताकि हम एक और साहसिक खोज के लिए जा सकें !" अपने ताँगे को आगे हाँकते हुए समीर ने कहा ।

"हाँ, ज़रूर आएँगे !" जय और जूही ने विदाई के लिए हाथ हिलाते हुए कहा ।

"क्या तुम तैयार हो ?" जय ने जूही से पूछा ।

"हाँ, मैं तैयार हूँ !" जूही ने अपनी जादुई बाँसुरी निकाली और जय के साथ बोली,

> ♪♪"सूरी– सूरी अपने संगीत के द्वारा ।
> हमें ले चलो वहाँ, जाना हमें है जहाँ ॥" ♪

जूही ने एक खुशी भरी धुन बजाई । पल भर में एक अद्भुत चमक के साथ वे वापस घर पहुँच गए ।

Jay aur Juhi Sameer ke saath vaapas tongee tak pahunche.

Sameer ne poochhaa, "kyaa mein tumhe savaaree de saktaa hoon?" "naheen, dhanyavaad, hum pahunch jaayenge!" Juhi ne kahaa.

"Taj Mahal dikhaane ke liye dhanyavaad, hum ise kabhee naheen bhoolenge!" Jay bolaa.

"krupayaa jaldee vaapas aanaa taaki hum ek aur saahasik khoj ke liye jaa saken!" apne taange ko aage haankte hue Sameer ne kahaa.

"haan, zaroor aayenge!" Jay aur Juhi ne vidaaee ke liye haath hilaate hue kahaa.

"kyaa tum taiyaar ho?" Jay ne Juhi se poochhaa. "haan mein taiyaar hoon!" Juhi ne apanee jaaduee baansuree nikaalee aur Jay ke saath bolee,

> ♪♪**"Soori – Soori apne sangeet ke dwaaraa**
> **hamen le chalo vahaan, jaanaa hamen hai jahaan"** ♪

Juhi ne ek khushee bharee dhun bajaaee. pal bhar men ek adbhut chamak ke saath ve vaapas ghar pahunch gaye.

Jay and Juhi walked into the kitchen and saw that Mommy and Daddy had already fixed the vase. "You fixed the parchin kari vase!" said Juhi in a happy voice. "Did you use a special glue?"

"Yes we did. How did you know it was parchin kari?" asked Daddy. "I learned about it from a friend," replied Juhi.

"Daddy and I got this vase on our first trip together to the Taj Mahal. We hope to take you and Jay there sometime soon." Mommy said.

"I can hardly wait to go back!" exclaimed Juhi.

"Go back?" Mommy asked in a confused voice.

"I mean . . . I can't wait to go there!" Juhi said giggling.

Jay and Juhi smiled. What a wondrous adventure they had had!

जय और जूही रसोई में आए और उन्होंने देखा कि मम्मी–पापा ने फूलदान जोड़ लिया था ।

"आपने इस पच्चीकारी के फूलदान को जोड़ लिया !" जूही खुशी खुशी बोली । "क्या आपने ख़ास गोंद इस्तेमाल की ?"

"हाँ, लेकिन तुम्हें कैसे पता लगा कि यह पच्चीकारी है ?" पापा ने पूछा ।

"मुझे एक दोस्त ने बताया, " जूही ने जवाब दिया ।

"पापा और मैंने यह फूलदान ताज महल की अपनी पहली सैर में लिया था । उम्मीद है जल्द ही तुम दोनों को भी ताज महल दिखाने लेकर जाएँगे," मम्मी ने कहा ।

"मैं तो अभी वापस जाने के लिए तैयार हूँ !" जूही बोली ।

"वापस ?" मम्मी ने चकराई आवाज़ में पूछा ।

"मेरा मतलब है . . . मैं वहाँ जाने के लिए बहुत उत्सुक हूँ ।" हँसते हुए जूही ने जवाब बदला ।

जय और जूही मुस्कुराए । कितनी निराली और साहसिक खोज थी उनकी !

Jay aur Juhi rasoee men aaye aur unhone dekhaa ki mummy – papa ne phooldaan jod liyaa thaa.
"aapne is pachcheekaaree ke phooldaan ko jod liyaa!" Juhi khushee khushee bolee. "kyaa aapne khaas gond istemaal kee?"
"haan, lekin tumhe kaise pataa lagaa ki yahaa pachcheekaaree hai?" papa ne poochhaa.
"mujhe ek dost ne bataayaa," Juhi ne javaab diyaa.
"papa aur meine yaha phooldaan Taj Mahal kee apnee pahalee sair men liyaa thaa. umeed hai jald hee tum dono ko bhee Taj Mahal dikhaane lekar jaayenge," mummy ne kahaa.
"mein to abhee vaapas jaane ke liye taiyaar hoon!" Juhi bolee.
"vaapas?" mummy ne chakraaee aavaaz men poochhaa.
"meraa matalab hai. . .mein vahaan jaane ke liye bahut utsuk hoon." hanste hue Juhi ne javaab badalaa.
Jay aur Juhi muskuraae. kitnee niraalee aur saahsik khoj thee unkee!"

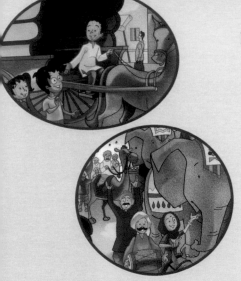

DO YOU REMEMBER?

· What was the event that made Jay and Juhi curious about marble vases?

· Where is the Taj Mahal located?

· How did Sameer transport Jay and Juhi to the Taj Mahal?

· In whose memory was the Taj Mahal built? By whom?

· What was the festival being celebrated in Agra?

· What special quality does marble have?

DID YOU KNOW?

· Shah Jahan and Mumtaz Mahal had 14 children.

· The white marble used to construct the Taj Mahal, was brought from Makrana in Rajasthan India.

· 28 different kinds of semi-precious stones were used in the inlay work in the Taj Mahal. These included Turquoise from Tibet, Sapphires from Sri Lanka and Lapis Lazuli from Afghanistan.

· It is the white marble and semi-precious stones on the dome of the Taj that make Taj Mahal change color during the day and on moonlit nights.

· The area around the Taj Mahal is a pollution free zone, so no diesel or gasoline driven vehicles are allowed.

· When translated in English Taj Mahal means 'Crown Palace' or 'Crown of the Palace'.

· The Hindi word for the inlay work is pachchikaree but in English it is often refered to as parchinkari.

DO IT YOURSELF!

Make a parchin kari vase.

You will need: A plastic bottle, white paint, colored paper and glue.

1. Paint the plastic bottle white.

2. Cut the colored paper into small diamond, square, triangle and circle shapes (to mimic gemstones).

3. Once the paint has dried on the bottle, glue the "gemstones" on the bottle to make an interesting design.

Your vase is ready!

Continue your adventure with Jay and Juhi at www.MeeraMasi.com